AF262178

# LA FEMME,

## SON MALHEUREUX SORT

## DANS LA SOCIÉTÉ ACTUELLE,

### SON BONHEUR

## DANS LA COMMUNAUTÉ,

### Par M. CABET,

Député, ex-Procureur-Général,
Avocat à la Cour d'appel de Paris,

**Prix : 10 centimes.**

## NEUVIÈME ÉDITION.

## PARIS.

AU BUREAU DU *POPULAIRE*, RUE J.-J.-ROUSSEAU, 18,

ET CHEZ TOUS LES LIBRAIRES.

**Départemens,**

Chez tous les Correspondans du *Populaire*.

**Octobre 1848.**

# LA FEMME [1],

*Ses qualités, ses titres, ses droits ;*

*Son malheureux sort dans la présente Société :*

*Cause du mal ; Remède ;*

*Son bonheur dans la Communauté.*

---

## Ses qualités, ses titres, ses droits.

La *femme !....* Ah! si ma plume savait exprimer tous les sentimens de mon âme, l'admiration, la reconnaissance, l'affection, le respect, pour la *femme* en général !....

Je dirais ses qualités, ses titres, ses droits !...

Je la représenterais dépositaire de la puissance créatrice de la Nature, mère et nourrice de l'Espèce humaine, formant en nombre la moitié du Genre humain.

Je la montrerais première compagne de l'homme, sa première associée, ou plutôt partie intégrante de lui-même, partie vers laquelle la Nature l'entraîne par un irrésistible attrait, partie qui seule peut suffire au complément de son

[1] Cet écrit forme la septième des *Douze lettres* d'un Communiste à un Réformiste sur la Communauté.

existence, partie sans laquelle son existence est incomplète et privée de bonheur.

Je la figurerais sous une image qu'aucun homme ne peut voir sans émotion, sous l'image d'une mère ou d'une sœur, ou d'une épouse, ou d'une fille.

Je la peindrais la plus belle de fleurs; la plus parfaite des créatures animées; le chef-d'œuvre de la Nature; la source, pour l'homme, de ses plus belles inspirations et de ses plus douces jouissances; le charmant, dès le berceau, par son premier sourire, par ses premières caresses, par les inexprimables grâces de son enfance; le ravissant par sa beauté et par l'ineffable grâce de sa jeunesse; le captivant par sa bonté; le soulageant et le sauvant dans la maladie; le soutenant dans le péril; le consolant dans les revers par sa tendresse et son dévoûment; supérieure à lui en patience et en sensibilité; son égale en intelligence et en droits.

Je la montrerais transformée en *divinité* chez les anciens peuples civilisés de l'Orient, adorée sous les noms de *Junon*, *Minerve*, *Vénus*, *Diane*, *Hébé*, *Flore*, etc.

Je m'indignerais de son oppression chez les Peuples barbares, qui, par le plus lâche abus de la force, l'ont réduite à l'état d'*esclave*, usurpant sur elle le droit de vie et de mort, ou de vente, ou de répudiation capricieuse...

Je m'indignerais même contre la prétendue civilisation moderne, qui traite encore la femme comme une espèce d'esclave, et contre l'insolent despotisme de l'homme qui, abusant toujours de sa puissance et imposant ses lois à la femme, décide et déclare qu'elle lui doit *obéissance*.

Je m'indignerais surtout contre l'ingratitude, l'injustice, la tyrannie d'une société qui condamne plus de la moitié des femmes à l'ignorance, à la misère, à des travaux excessifs qui les exténuent, les défigurent et les assassinent... Oui, quand j'aperçois une femme couverte de haillons et de boue, ou traînant une charrette, ou ployant sous le fardeau qu'elle porte sur la tête ou sur le dos, je me sens transporté d'indignation et de colère contre l'Organisation sociale qui outrage ainsi la Nature et l'Humanité ; et quand je vois les hommes se faire une étude et un plaisir de tromper les femmes, de les séduire par leurs protestations mensongères et leurs perfides promesses, puis les abandonner après les avoir séduites et trompées, se rire de leurs larmes et les accabler de leur mépris. je suis tenté de les appeler des lâches et des barbares, des faussaires, des voleurs et des assassins...

## Son malheureux sort dans la société actuelle.

Parlons d'abord des femmes du Peuple ou des Prolétaires.

Combien naissent dans la misère, sur la paille, ne recevant de leur père qu'un sang vicié et de leur mère qu'un lait insuffisant, se traînant dès leurs premiers pas dans la fange, et s'habituant ainsi à la saleté et aux haillons ! Oh ! que la femme, enfant, jeune ou vieille, fait peine à voir en cet état si contraire à ses grâces et à sa beauté ! Je n'oublierai jamais la douloureuse expression que me causa, à Londres, la vue d'une superbe jeune Irlandaise, à peine couverte de quelques lambeaux, les pieds nus dans de la boue, pendant l'hiver, tandis que d'inhumaines marquises ou duchesses l'éclaboussaient avec les roues de leurs carrosses !...

Point d'éducation, point d'instruction pour les filles du pauvre, mais l'ignorance et l'abrutissement qui les livrent à la crédulité et à la superstition.

Dès leurs premières années, on les accable, dans la maison paternelle ou dans l'atelier, de travaux excessifs ou dégoûtans, ou insalubres, qui, pour quelques sous par jour, détruisent leur fraîcheur, leurs grâces et leur santé. Que de petites filles difformes pour avoir courageusement porté dans leurs bras leur petit frère ou leur petite sœur, pendant que leur mère travaillait ! Que de jeunes et jolies Ouvrières flétries ou tuées par un travail prolongé souvent dans la nuit ! Que de femmes forcées de travailler péniblement pendant leur grossesse ou pendant l'allaitement, ou jusque dans la vieillesse ! Quel spectacle de voir, à Boulogne, des femmes de tout âge faire le métier de porte-faix, tandis que les hommes sont occupés à la pêche, et porter les lourdes malles des voyageurs sur des hottes attachées derrière leur dos avec de rudes courroies qui leur tiraillent la poitrine.

Que de femmes privées, par la misère, du bonheur d'être épouses et mères ! Que d'autres condamnées aux mille inconvéniens et aux mille dangers des attachemens momentanés !

Je ne vous parle pas du fléau du libertinage, auquel le mélange des deux sexes dans les grandes manufactures livre la fille enfant, ni du fléau de la prostitution, auquel la misère condamne des milliers de malheureuses !

Et pour la femme mariée, que de tortures si elle a un mari brutal, ivrogne, paresseux, dissipateur, débauché! Que de soucis et de tourmens, si elle a une nombreuse famille, un mari malade ! Que d'inquiétudes et d'angoisses, si l'industrie et le commerce ne sont pas prospères !

Elle n'est pas heureuse elle-même, la femme riche que les passions entraînent, que les plaisirs du monde aveuglent, et que tourmente sa conscience ou la jalousie, ou l'envie !

Mais brisons là... car je n'en finirais pas si je voulais vous raconter tous les malheurs des femmes et tous les vices qui les rendrent malheureuses : c'est le *remède* surtout qu'il faut chercher.

Et pour le trouver, ce remède, c'est la *cause* du mal qu'il faut d'abord découvrir et bien constater.

## Cause du mal.

Eh bien ! la *cause* première, radicale, principale, génératrice de toutes les causes secondaires, c'est l'aristocratie ou le privilége, ou l'*inégalité de fortune*, laquelle inégalité produit nécessairement l'*opulence* pour une minorité et la *misère* pour une majorité... Voilà la *véritable cause ;* voilà le Satan ou le démon qui tient la femme dans un véritable enfer... Et, pour vous en convaincre, veuillez réfléchir un instant avec moi.

Du moment qu'il existe une minorité aristocrate, privilégiée, opulente, elle ne peut manquer d'être égoïste, cupide, injuste, inhumaine ; il lui faut nécessairement des esclaves ou des domestiques, et des sujets, des ouvriers et des prolétaires pauvres et misérables. C'est une nécessité pour elle de tenir les prolétaires dans l'ignorance, l'abrutissement, la misère et l'obéissance, en les exténuant de travail. Et les privilégiés ou les maîtres ne peuvent pas faire de distinction en faveur des femmes. De là une masse de femmes traitées presque comme des négresses, privées de toute éducation, à peine vêtues ou mal vêtues, exténuées ou défigurées dès leur enfance par un travail contre nature, abandonnées à toutes les fatigues, à toutes les privations, à toutes les souffrances, à toutes les humiliations.....

La misère peut-elle ne pas entraîner le *célibat*? Le célibat, à son tour, peut-il ne pas entraîner nécessairement une foule de désordres, le libertinage, la débauche, la prostitution, l'infanticide?...

Quand l'or est la divinité sociale, est-il possible de ne pas voir une multitude de *mariages* contractés uniquement en considération des *dots*, sans aucun égard aux causes d'antipathie qui peuvent exister dans les époux?

Et quand la *dot* est presque l'unique base du mariage; quand on voit si souvent un jeune homme épouser une vieille femme uniquement à cause de sa fortune, ou une jeune et jolie fille épouser un vieillard à cause de ses trésors; quand l'amour et la concorde sont matériellement impossibles dans tant de ménages; quand la femme mariée se trouve exposée aux attaques de tant de célibataires et même de tant d'hommes mariés et mécontens chez eux, qui se joignent aux garçons pour attaquer aussi les jeunes filles : comment serait-il possible que le désordre ne fût pas partout, dans les mariages comme hors des mariages, chez les riches comme chez les pauvres?

Ajoutez qu'une Aristocratie opulente, oisive, égoïste, sacrifiant tout à ses plaisirs, et ne mettant son bonheur que dans la vanité, l'orgueil, le luxe, travaille sans cesse à séduire la femme ou la fille du prolétaire, et répand partout la corruption avec son or, en excitant la coquetterie, en allumant toutes les mauvaises passions, en déchaînant ur la Société toutes leurs funestes conséquences.

Et remarquez-le bien, ce sont toujours les malheureuses femmes qui sont les premières VICTIMES !

Vous me connaissez trop pour craindre que je veuille approuver et encourager le désordre et le vice. Vous m'avez souvent entendu proclamer ce principe, que plus une femme est malheureuse, plus elle aggrave son malheur en s'abandonnant à ses passions, et que, pour elle-même, pour son repos, dans son propre intérêt, elle doit chercher un remède à ses maux dans le travail, dans la résignation et la patience, dans la sagesse et la vertu. Mais vous m'avez toujours entendu prendre en même temps la défense des femmes, les excuser, les plaindre, et soutenir que leurs défauts et leurs vices, leurs faiblesses et leurs malheurs, sont généralement la faute et le crime des hommes et d'une détestable Organisation sociale... Et je le soutiens encore... Ecoutez-moi bien !

Si tant de femmes naissent dans la misère, sur la paille, dans la boue, est-ce leur faute ou l'injustice de la Société ?

Si tant d'innocentes enfans sont élevées dans la saleté, couvertes de haillons, ressemblant presque à de petits animaux qui barbotent dans la fange, tandis que la petite fille du riche est si propre, si bien peignée, si bien vêtue, si fraîche et si gracieuse, est-ce leur faute, ou le crime de l'Organisation sociale ?

Si tant de femmes sont privées d'éducation et d'instruction, ignorantes, crédules, superstitieuses, devotes ou bigotes, est-ce leur faute à elles, qui ne demandaient que de la culture pour exceller peut-être en intelligence, en raison, en capacité !

Cette femme, pâle et livide, défigurée, difforme n'est-ce pas le crime de la Société si l'excès du travail a paralysé la Nature, qui la destinait à briller par sa fraîcheur, par la délicatesse de ses traits, par la majesté de sa démarche ?

Quel spectacle plus humiliant pour l'Humanité qu'une femme ivre ! Eh bien ! quand une malheureuse est réduite à des travaux d'hommes, à vivre au milieu d'ivrognes, à entendre un langage grossier et obscène ; quand la misère la condamne à ne connaître aucune espèce de pudeur et de décence, n'est ce pas la Société qu'il faut accuser d'outrager ainsi la Nature.

Cette jeune fille est paresseuse!... Mais elle aimerait peut-être un travail de son choix, modéré, récompensé, honoré... Et comment peut-on s'étonner qu'elle déteste un travail imposé, excessif, méprisé et presque sans récompense ?

Cette autre est coquette, vaniteuse, ambitieuse!... Mais, née dans l'aisance ou dans une Société bien organisée, elle n'aurait été que propre, élégante, soigneuse, laborieuse, attentive à plaire à tout le monde et surtout à ne déplaire à personne, tandis que, au milieu d'un Peuple d'hommes qui n'estiment que le brillant, qui dédaignent la vertu modeste, qui n'adressent leurs hommages qu'aux jeunes et jolies femmes, à la toilette, à la parure, au luxe, la malheureuse veut briller pour plaire; et si la coquetterie la jette dans un gouffre de désordres, le crime n'en est-il pas à cette Société qui fait dégénérer les qualités en vices ?

Cette autre est galante, passionnée pour les hommes et les plaisirs!.... Plaignez-la d'avance !.... Elle subit l'irrésistible influence de la Nature, elle obéit à sa loi suprême ; elle a le germe de toutes les qualités aimables, de tous les sentimens généreux.... Si le hasard l'avait fait naître dans une Société bien organisée qui lui aurait donné l'éducation, l'aisance avec le travail, et un mari de son choix, elle serait une femme aimante, sensible, affectueuse, bonne, humaine, chérie de son époux, adorée de ses enfans, aimée de tous, heureuse... Mais dans une Société qui la prive d'éducation, qui la laisse ou la plonge dans la misère, qui la condamne à un travail de galérien, qui lui interdit le mariage ; au milieu d'un Peuple de célibataires qui l'attaquent, la séduisent, la trompent et la méprisent ensuite ; si la malheureuse est entraînée dans le désordre, dans le libertinage, dans la débauche, dans la prostitution ;.... si la crainte du déshonneur la pousse à l'avortement, à l'infanticide ;... ne faut-il pas la plaindre d'abîmer son existence dans les orages, dans les angoisses, dans les humiliations et dans les tortures ? Le crime n'est-il pas aux hommes et à la Société, qui pervertissent et corrompent la plus fondamentale des lois de la Nature ?

Et dans le mariage, voyez les funestes effets de l'inégalité de fortune et de la dot !


Vous, ma chère amie, vous rendez votre Eugène le plus heureux des hommes, je ne dirai pas par les charmes de votre personne, dont vous ne me permettriez pas de parler, mais par la douceur de votre caractère, par l'égalité de votre humeur, par toutes les aimables qualités du cœur et de l'esprit. Dans votre ménage, jamais de reproches ou d'impatience, jamais de discussions ou de contrariétés ; toujours la paix, l'accord, le sourire, la joie, le bonheur... — Mais, j'oserai vous le dire franchement, dans tout cela vous n'avez pas le moindre mérite, parce que vous avez la fortune, la santé, le meilleur des maris et la plus charmante famille..... Il faudrait que vous fussiez un petit monstre pour n'être pas heureuse et pour ne pas rendre heureux tout ce qui vous entoure ; non que je prétende que vous ne seriez pas encore un ange de douceur et de bonté quand même vous vivriez au milieu des démons, auquel cas seulement vous mériteriez qu'on vantât votre vertu... Et si vos voisines sont moins heureuses que vous; si l'une est avare, cupide, ambitieuse, ou triste, chagrine, querelleuse, parce qu'elle est dans la misère et qu'elle est rongée d'inquiétudes pour son existence et celle de ses enfans; si l'autre est impérieuse et despote, ou jalouse, parce qu'elle a un mari imbécile ou débauché ; si celle-ci a tel défaut, celle-là tel vice, parce qu'elles n'ont épousé qu'à cause de leur fortune des maris qui les rendent malheureuses; tous les défauts, tous les vices, tous les malheurs de ces femmes ne sont ils pas l'inévitable résultat de la mauvaise organisation du Mariage et de la Société ?

Je vais plus loin. Vous, Madame, vous êtes sage, fidèle... Mais quel mérite avez-vous, quand vous possédez un aimable mari, un mari qui vous adore et qui ne respire que pour vous ? C'est cette autre femme, jeune et jolie comme vous, à l'âme tendre et au cœur brûlant, qui comme vous serait le modèle des épouses et des mères si elle avait un mari comme le vôtre, mais qu'un mari brutal, ignoble, crapuleux, rend la plus malheureuse des femmes, tandis que l'homme le plus séduisant la poursuit de son amour..... c'est celle-là qui est la vertu, si elle a le courage de résister au penchant qui l'entraîne.... Et si elle succombe, si sa chute la précipite dans un abîme d'angoisses et de malheurs, qui peut s'empêcher de la plaindre et d'accuser les hommes et la Société qui l'ont perdue ?

La dissimulation, le mensonge, la perfidie, dont une union malheureuse impose si souvent à la femme la nécessité, et qui font sa honte et son tourment, ne sont-ils pas aussi la faute de l'organisation sociale ?

Il n'y a pas jusqu'aux romans licencieux ou amoureux qui ne soient le tort de la Société, ces romans que le seul désir de l'argent dicte à leurs auteurs, et qui portent tant de trouble dans l'imagination de leurs imprudentes lectrices.

Et je ne vous parle pas des vices des femmes opulentes, de leur orgueil, de leur inhumanité, qui les font détester, ni de l'ambition, de l'envie, des intrigues qui les tourmentent..... Je ne vous parle pas non plus d'une foule de crimes auxquels les femmes sont entraînées par de mauvais mariages et qui les poussent à l'échafaud..... Des femmes à l'échafaud, quelle horreur !..... Je ne puis terminer cet affreux tableau..... Mais, tout incomplet qu'il est, il ne prouve que trop que c'est l'Organisation sociale qui est criminelle, que ce sont les hommes qui sont coupables, et que les femmes sont leurs victimes. — Mais le *remède ?*

L'expérience des siècles démontre que l'Église avec sa confession et ses pénitences, avec sa promesse d'un paradis et sa menace d'un enfer, la Morale avec ses préceptes et ses sermons, la Justice avec ses cachots et ses supplices, ne sont que des remèdes impuissans.

## Remède au mal.

Puisque l'aristocratie ou le privilége, ou l'inégalité de fortune, ou l'existence simultanée de l'opulence et de la misère, est la *cause* de tous les malheurs des femmes, le véritable *remède* est la destruction de cette cause et l'établissement de l'égalité ou de la démocratie. — Et c'est pourquoi je demande si vivement la destruction des bastilles, dont le but est d'empêcher toute réforme, toute amélioration, tout système égalitaire et démocratique.

Mais la Démocratie et l'Égalité ne peuvent se réaliser que par la *Communauté*. —C'est donc la Communauté qu'il faut établir pour assurer et garantir le bonheur des femmes. — Voyez en effet leur sort dans la Communauté !

## Bonheur de la Femme dans la Communauté.

Vous savez que la Communauté c'est l'Association ou la Société organisée sur la base de l'*égalité*, de la *fraternité*, de l'UNITÉ dans tout, dans la propriété, dans l'industrie, dans l'éducation.

Vous savez que la Nation ne forme qu'une seule Société de citoyens, tous frères et tous égaux en droits; que le territoire ne forme qu'un seul domaine ou une seule propriété, exploitée dans l'intérêt de tous; que toutes les industries ne forment qu'une seule industrie, dirigée et exercée dans l'intérêt commun; que tous les citoyens sont ouvriers; que tous reçoivent la même éducation élémentaire, et l'éducation la plus parfaite; que les machines, multipliées à l'infini, rendent le travail modéré, court, agréable, sans péril, sans fatigue et sans dégoût; que la production est assez augmentée pour produire l'aisance de tous et faire disparaître entièrement la misère ; que tous les produits de la terre et de l'industrie sont recueillis en commun et distribués également à tous, de manière que tous sont également bien nourris, bien vêtus, bien logés, de manière aussi que tous peuvent se marier et élever une famille, sans avoir jamais ni soucis ni tourmens, en jouissant au contraire de tous les beaux-arts et de tous les plaisirs qui n'ont pas d'inconvéniens.

Ce bonheur, la Communauté le donne aux femmes comme aux hommes, parce que son principe fondamental est l'égalité des droits et la fraternité entre l'homme et la femme.—Bien plus, c'est pour les femmes que sont toutes les faveurs dans la Communauté...... Veuillez redoubler ici d'attention.

L'un des premiers articles de la Constitution de la Communauté proclame que *la masse des hommes* doit à *la masse des femmes* reconnaissance, respect, affection, dévouement, protection, soins, égards ; que partout et toujours la première place et la première part doit être pour les femmes ; et que, dans toutes leurs séances, les représentans du Peuple doivent s'occuper d'abord des lois et des mesures qui intéressent les femmes.

Un autre article proclame que chaque homme doit reconnaissance, amour et vénération à ses père et mère, et surtout à sa mère ; amitié à ses frères et sœurs, et surtout à ses sœurs; amour et dévouement à sa femme, amour et protection à ses enfans, et surtout à ses filles.

Un autre proclame que, chacun devant se conduire envers ses concitoyens ou ses frères comme il désire que ceux-ci se conduisent envers lui, chacun doit aux autres femmes, vieilles et jeunes, les mêmes sentimens et les mêmes égards qu'il désire voir aux autres hommes pour sa mère et sa sœur, pour sa femme et sa fille...... Les *vieilles femmes* doivent être, pour tous, l'objet d'une espèce de *culte*.

Toute la législation, tous les actes des magistrats, expriment, appliquent, réalisent tous ces sentimens envers les femmes.

L'*éducation* les justifie et les grave dans l'esprit et le cœur des jeunes hommes; les *mœurs* ou les *usages* en présentent constamment l'application.

En un mot, dans la Communauté, l'homme prenant pour guides la Nature et la Raison, met son bonheur dans la femme, en fait presque son idole, et s'occupe sans cesse de l'embellir, de la perfectionner et de la rendre heureuse. — Vous devinez les conséquences !

Vous devinez tous les soins qu'on prend de la femme, dès sa naissance, pendant son enfance et sa jeunesse, pour développer sa santé, ses grâces et sa beauté; pour cultiver son intelligence; pour orner son esprit; pour perfectionner son cœur; pour en faire une compagne digne de l'homme et capable de faire sa félicité.

Ses quinze ou seize premières années sont consacrées à son éducation physique, intellectuelle et morale. — On lui enseigne, comme à l'homme, les élémens de toutes les sciences et de tous les arts, en prenant tous les moyens de lui rendre l'étude aussi agréable que facile. — On s'attache surtout à en faire une bonne fille, une bonne sœur, une bonne épouse, une bonne mère, une bonne ménagère, une bonne citoyenne.

Toutes les femmes travaillent dans l'atelier et exercent une profession de leur choix; mais leur travail est court et modéré, et tout ce qu'on peut faire est fait pour leur rendre le travail, comme l'étude, agréable et facile : c'est pour elles surtout qu'on invente toutes les *machines* qui peuvent les soulager.

Inutile d'ajouter qu'il n'est pas de soins et de ménagemens dont la Communauté tout entière ne se fasse un devoir envers la femme qui porte un enfant dans son sein ou dans ses bras.

Je n'ai pas plus besoin de vous dire que la Communauté admet le *Mariage* et la *Famille*; et je ne m'arrêterai pas même à réfuter l'opinion de quelques individus qui, trop frappés des inconvéniens qu'on trouve dans le *Mariage* et la *Famille* d'aujourd'hui, n'y voient de remède que dans la suppression du *Mariage* et de la *Famille*. Cette opinion, d'un bien petit nombre, me paraît si erronée, si fausse, si imprudente, si contraire au sentiment universel, qu'elle me paraît une folie, quand elle n'est pas une perfide hostilité contre la Communauté.

Ce ne sont pas le *Mariage* et la *Famille* en eux-mêmes qui sont un mal, mais par leur mauvaise organisation, la mauvaise éducation du mari et de la femme, la dot, l'inégalité de fortune, etc., etc. Pour y remédier, il n'est pas plus nécessaire de supprimer le *Mariage* et la *Famille* que de supprimer la *Société* elle-même : il suffit de les mieux organiser en donnant aux futurs époux une meilleure éducation, en supprimant l'inégalité de fortune et la dot, en rétablissant le divorce, en assurant l'existence des deux époux et de leurs enfans, en abolissant le célibat, en instituant partout l'égalité et la fraternité. Quand la *Société*, le *Mariage* et la *Famille* sont bien organisés, il est évident que le *Mariage* et la *Famille* n'ont plus d'inconvéniens pour la *Société* et n'offrent plus que des avantages pour l'homme et pour la femme. Si quelque femme d'aujourd'hui, opprimée, tyrannisée par son mari, rêve, dans son esclavage et son désespoir, l'indépendance absolue et perpétuelle de la femme par l'abolition du *Mariage* et de la *Famille*, la masse des femmes préfèrent sans doute, avec vous, une institution qui leur donne un époux, un ami, un protecteur, pour leur vieillesse comme pour le temps des orages, et des enfans qui prolongent leur bonheur jusqu'à leur dernier soupir..

Oui, le *Mariage* et la *Famille* sont, pour la femme, la source de mille jouissances morales bien supérieures aux autres jouissances. Oui, le *Mariage* et la *Famille* sont plus conformes à la dignité, au repos, au bonheur de la femme, que son isolement et son indépendance. Oui, c'est la femme surtout qui doit désirer la conservation du *Mariage* et de la *Famille*, purgés de tous leurs vices....

Aussi, dans la Communauté, tout est combiné pour perfectionner le *Mariage* et la *Famille*. — L'éducation dispose le jeune homme à devenir bon époux et bon père en même temps que bon citoyen, et la jeune fille à remplir tous ses devoirs d'épouse et de mère en même temps que de citoyenne. — Tous, hommes et femmes, peuvent se marier, puisque la Communauté leur assure leur existence et celle de leur famille, à la seule condition d'un travail modéré; — tous doivent le faire dans l'intérêt de l'ordre et de la Société; — tous le font avec empressement, parce que c'est le premier vœu de la Nature.

Point de dots; par conséquent, point de raisons pour consulter, dans le choix d'un époux ou d'une épouse, autre chose que les convenances personnelles, les qualités de la personne, de l'esprit et du cœur. — D'ailleurs, fréquentation libre avant le Mariage pour se connaître, et liberté parfaite de la part des parens. — D'ailleurs encore, point de misère, point de soucis; — par conséquent, toutes les conditions et toutes les garanties pour le bonheur des époux et des enfans. — Et si, par hasard, la vie commune trompait les espérances des premiers jours, *divorce* facile. —

Mais vous devinez que le divorce ne sera presque jamais nécessaire.

Vous le devinez aussi, plus de désordres, plus de troubles dans les ménages, plus d'infidélités, plus d'adultères, plus de procès scandaleux, plus d'empoisonnemens....

Plus de jeunes filles séduites, trahies, abandonnées. — Plus de débauches, plus de prostitution, plus d'infanticide.... — Plus d'intrigues, de jalousie, d'envie.... — Plus de coupable coquetterie, de fausse galanterie.

Partout la pureté, l'innocence, la candeur, la sincérité... Ah ! j'aurais du plaisir si je pouvais énumérer toutes les conséquences pour le bonheur des femmes et la félicité des hommes !

Joignez-y toutes les jouissances que peuvent donner la Nature et les beaux-arts..., car rien n'égale la puissance productrice de la Communauté.. et cette Communauté travaillera sans cesse pour le bonheur des femmes !

Oui, la Communauté sera le *paradis* des femmes, tandis qu'il n'en est guère aujourd'hui pour lesquelles la Société actuelle ne soit pas un *enfer !*

Et devinez aussi l'amélioration de l'Espèce humaine après quelques générations !... Figurez-vous combien les femmes pourront se perfectionner en grâces et en beauté !...

Mais je finis et je me résume.

Ainsi, ma chère amie, c'est surtout à l'égard de la femme

et de la femme du Peuple, que l'Organisation sociale actuelle est vicieuse, injuste, immorale, oppressive, inhumaine, honteuse, intolérable... — C'est surtout dans l'intérêt de la femme que je désire, que je veux à tout prix une réforme radicale ; et si, pour lui rendre ses droits et sa destinée naturelle, il était indispensable d'aller jusqu'à une Révolution, c'est l'amour pour la femme opprimée et tyrannisée qui pourrait le plus rendre révolutionnaire. — C'est pour la femme aussi que je désire le plus ardemment la Communauté. — C'est la femme surtout qui doit désirer cette bienfaisante Communauté, la femme de toutes les conditions, la femme du Peuple, la jeune fille pauvre et laborieuse qui veut être sage, la mère de famille... Plus elle aime ses enfans, plus elle est inquiète pour sa fille, plus elle doit faire de vœux pour un système d'organisation sociale qui peut seul assurer le bonheur dans le travail, la sagesse et la vertu.

Aussi, voyez quel enthousiasme le tableau de la Communauté dans mon *Voyage en Icarie* inspire à une jeune fille du Peuple, qui, sans me connaître, sans être connue de moi, et gardant l'anonyme pour exprimer plus librement sa pensée, m'écrit, d'une de nos grandes villes. Je n'aurais certainement pas la folie de vous communiquer ses expressions élogieuses, si leur exagération n'était trop manifeste pour pouvoir me séduire, et si vous ne saviez pas parfaitement que l'amour de l'Humanité, qui, depuis mon enfance, remplit et absorbe mon âme, l'a trop épurée pour y laisser le germe d'une puérile et dégradante vanité. Voici sa lettre.


« Monsieur,


» Je viens, en rendant hommage à votre dévoûment à la cause sacrée dont le succès n'offre point d'obstacles que votre amour de l'Humanité ne sache franchir, vous offrir les expressions de reconnaissance que tout être doué de quelques bons sentimens doit former pour vous dans son cœur.


» Plus qu'à tout autre, il appartient à une *fille du Peuple* d'élever la voix pour vous crier : Merci ! parce qu'elle, plus que tout autre, sait mesurer votre courage et comprendre la grandeur de vos sacrifices. Permettez-moi donc, ô vous qui assignez dans la Société régénérée une si belle place à la femme, cet être déchu dans l'esprit de bien des hommes ; permettez-moi, dis-je, de vous admirer en secret et de faire des vœux pour le triomphe de la Communauté, cette incomparable Souveraine que vous faites briller à nos yeux d'un si bel éclat. La Communauté ! oh ! qui pourrait ne pas en faire son idole, le but de ses espérances ou le garant de son bonheur ? Celui-là qui, la connaissant, peut la haïr, n'aime point ses frères ; il a un cœur pervers et corrompu. Pour moi, la Communauté, c'est mon rêve; depuis que vous m'apprîtes à la connaître, j'ai appris à l'aimer. Oui, c'est peut-être à vous seul que je dois quelques heures de parfait bonheur, et ces heures, je les tiens de vos écrits; ils ont fait couler en moi une nouvelle vie; et quand je voyais tristement tomber ma dernière illusion, quand je croyais mon cœur vide de toutes jouissances, ils l'ont rempli d'une douce espérance, qui désormais me fait vivre dans l'avenir. Oh! quel indicible plaisir j'ai éprouvé en lisant votre *Voyage en Icarie!* Quel ravissant tableau pour l'esprit! quel pur aliment pour le cœur! Ce précieux ouvrage, que vous avez en quelque sorte dédié aux femmes, prétendu roman offert à un sexe frivole, et le seul peut-être qu'il puisse lire avec sécurité, restera profondément gravé dans ma mémoire.

» Poursuivez donc, Monsieur, la carrière difficile, mais glorieuse, dans laquelle vous avancez avec tant de persévérance. Si l'égoïsme traverse vos projets, bien des gens intéressés à leur succès vous aideront à les réaliser; et la postérité, en maudissant les tyrans qui s'opposent à son bonheur, bénira votre mémoire qui, immuable comme la vérité, restera debout au milieu des siècles dont vous aurez préparé la félicité.

» Agréez, Monsieur, de celle que vous avez faite Communiste, les plus sincères remercîmens et l'assurance qu'elle est, non pas une de vos lectrices les plus éclairées, mais du moins votre plus fidèle admiratrice.

» M^lle P... G... »

Je vous le répète, l'exagération est trop évidente pour qu'il soit possible à l'amour-propre le plus aveugle de s'y laisser prendre, quand d'ailleurs tant d'ennemis travaillent à l'avertir par leurs injures et leurs calomnies. Mettez donc de côté toutes ces exagérations, et voyez seulement l'enthousiasme qu'inspire la Communauté à l'âme inoffensive et pure d'une jeune femme qui ne rêve que le bonheur de l'Humanité. Et quoique vous ayez déjà la félicité pour vous et pour votre Eugène dans votre *petite Communauté* conjugale, j'espère que vous n'en désirerez pas moins la *grande Communauté* qui doit faire le bonheur de tous. Vous aurez plus de pouvoir que nous pour hâter son avènement, si votre jolie bouche et votre douce voix proclament ses perfections et ses bienfaits.

Agréez, madame et chère amie, etc...,

CABET.

---

## EXHORTATION AU LECTEUR.

*Si vous approuvez, faites lire !*

---

# CHANT DE DÉPART ICARIEN.

Air du *Chant du Départ*.

### L'AVANT-GARDE.

Lève-toi, Travailleur, courbé dans la poussière,
L'heure du réveil a sonné.
Aux bords américains vois flotter la bannière
De la sainte Communauté...
Plus de vices, plus de souffrance,
Plus de crimes, plus de douleurs,
L'auguste Egalité s'avance;
Prolétaire, sèche tes pleurs.
Allons fonder notre Icarie,
Soldats de la Fraternité,
Allons fonder en Icarie.
Le bonheur de l'Humanité.

### Refrain.

| L'*Avant-Garde*. | Les *Restans*. |
|---|---|
| Allons fonder notre Patrie, | Allez fonder notre Patrie, |
| Soldats de la Fraternité, | Soldats de la Fraternité, |
| Allons fonder en Icarie | Allez fonder en Icarie |
| Le bonheur de l'Humanité. | Le bonheur de l'Humanité. |

### CHŒUR D'HOMMES.

Partez, hommes de foi, d'amour et de constance,
Avant-Garde de nos élus;
Le Dieu de l'univers bénit votre espérance,
Vaillans disciples de Jésus.
Bravant les périls, la tempête,
Notre Apôtre au milieu de vous,
Volez à la sainte conquête
Du règne de Dieu parmi nous.
Allez fonder notre Patrie,
Soldats de la Fraternité,
Allez fonder en Icarie
Le bonheur de l'Humanité.

*Refrain.*

CHŒUR DE FEMMES.

Salut, pays lointain, sol vierge d'esclavage,
Où nos époux et nos enfans
Ne s'aviliront plus dans l'indigne servage
Des exploiteurs et des méchans.
Là, pâle Faim, sanglante Guerre,
Cruelles filles de l'orgueil,
Sur notre terre hospitalière,
Vous n'apporterez plus le deuil.
Nous vous suivrons en *Icarie;*
Soldats de la Fraternité,
Allez fonder notre Patrie,
Le bonheur de l'Humanité.

*Refrain.*

CHŒUR DE JEUNES FILLES.

Voyez-vous, ô mes sœurs, cette aurore nouvelle
Du jour où tomberont nos fers?
Debout, filles de Dieu, partons pleines de zèle,
Pour régénérer l'univers.
Non, d'une tyrannie fatale
Ne redoutons pas le retour.
La femme de l'homme est l'égale
Sous la divine loi d'amour.
Oui fondez dans notre Patrie
Le temple de l'Egalité !
Nous vous suivrons en Icarie,
Soldats de la Fraternité.

*Refrain.*

| *L'Avant-Garde.* | *Tous.* |
|---|---|
| Allons fonder notre Patrie, | Oui, fondez dans notre Patrie, |
| Soldats de la Fraternité, etc. | Le temple de l'Egalité ! etc. |

F. L.

———

# NE CRIEZ PLUS :
# A BAS LES COMMUNISTES!

Air : *De Philoctète.*

Quoi ! désormais tout penseur est suspect !
Pourquoi ces cris et cette rage impie ?
N'avons-nous pas chacun notre utopie
Qui de chacun mérite le respect ?
Ah ! combattez vos penchans égoïstes
Par les élans de la fraternité.
Au nom de l'ordre et de la liberté,
Ne criez plus : A bas les Communistes !

Pourquoi ces mots seraient-ils odieux :
*Egalité, Communisme, Espérance,*
Quand chaque jour de l'horizon s'élance
Pour tout vivant un soleil radieux ?
Ah ! croyez-moi, les cruels anarchistes
Ne sont pas ceux que vous persécutez.
O vous, surtout, pauvres déshérités,
Ne criez plus : A bas les Communistes !

Quand des Chrétiens réunis au saint lieu
S'agenouillait, la famille pressée,
Communiant dans la même pénsée,
Grands et petits s'écriaient : Gloire à Dieu !
Frères, le ciel ouvre aux Socialistes
Sa nef d'azur pour des rites nouveaux ;
Pas d'intérêts, pas de cultes rivaux :
Ne criez plus : A bas les Communistes !

Amis, la terre a-t-elle pour les uns
Des fruits, des fleurs, — des ronces pour les autres ?
D'un saint travail devenons les apôtres :
Tous les produits à tous seront communs.
Rassurez-vous, esprit sombres et tristes ;
La nuit s'envole, espérons un beau jour.
Si vous brûlez d'un fraternel amour,
Ne criez plus : A bas les Communistes !

PIERRE LACHAMBEAUDIE.

# LES ICARIENS.

## ODE A MES FRÈRES.

Peuples, voici l'heure suprême
Où viendra chaque Nation
Recevoir l'immortel baptême
De la régénération.

Sortez d'un honteux esclavage,
Brisez enfin d'indignes fers ;
Là-bas, sur un fécond rivage,
Mille trésors vous sont offerts.

Grand Dieu ! bénis cette entreprise
D'Amour et de Fraternité !
Ouvre à tous la terre promise
Où règnera la Liberté.

Que tout Peuple à ma voix réponde
Pour toujours les pleurs sont taris.
Le bonheur, le salut du Monde
Vont naître sur des bords chéris.

Vers ces plages plus fortunées,
A la voix du *Libérateur*,
Pour de nouvelles destinées,
Volez, élus du Créateur.

Oui, dignes enfans de la France,
Apôtres de l'Humanité,
Sur les ailes de l'Espérance,
Allez prêcher la Charité.

Assez de Peuples mis en poudre
Ont servi l'égoïste orgueil ;
De la guerre éteignez la foudre,
Lazare est sorti du cercueil !

Heureux, qui détournez la tête
Quand le malheur frappe vos yeux
Avez-vous donc de la tempête
Conjuré les coups furieux ?

A ceux qu'un saint amour enflamme
Pour le bonheur du Genre humain,
Pourquoi jeter mépris et blâme
Au lieu de leur tendre la main ?

Puissiez-vous, esclave du vice,
N'avoir point à vous repentir.
Du dédain vidant le calice,
Pour vous sauver ils vont partir !

Tout homme, pour eux, est un frère,
Et le poignard tombe émoussé.
Pourquoi trembler, grands de la terre,
Au cri de paix qu'ils ont poussé ?

Jamais de la Mère-Patrie
Ils ne perdront le souvenir ;
Du fond de l'heureuse Icarie,
Ils sauront l'aimer, la bénir.

Aveugles, pourquoi tant de haine ?
Noble vengeance !... eux, chaque jour,
Diront aux zéphirs de la plaine :
« Portez-leur nos accens d'amour. »

La Charité n'est point éteinte ;
Il est encore de *vrais Chrétiens;*
Accomplissez votre œuvre sainte,
O généreux Icariens !

Allez : le Monde vous contemple ;
Fous aujourd'hui, mais grands demain.
La reconnaissance ouvre un temple
A qui trouve un nouveau chemin.

F. DE V....